RETRATO

ExLibric

MERE ORTIZ

RETRATO

EXLIBRIC
ANTEQUERA 2023

MERE ORTIZ

RETRATO

Para mi abuela, con amor y agradecimiento.

PRÓLOGO

Tu recuerdo
no es soledad ni lirio trasnochado.
Puro ascenso de luz
en valles tenebrosos.

SEMBLANZA 1

Fragancia en la distancia
de las rosas inertes,
de la esencia flagrante de la muerte.
Ausencia
sin la hermosa piedad de tu existencia.
Presencia ensimismada, intermitente,
de tu pie diminuto
y de tu diente.
Esa vida durmiente,
la de tu verbo siempre palpitante.
Y el crepitar creciente y sosegado
del cuenco de tus manos.

Sencilla normalidad la de tus horas.
Juego sin dos,
venda y cayado.
Mirada ausente la de tu despedida.

AUSENCIA Y DUELO

I

El telos apresado en la memoria
de la tenue, infinita equidistancia.
La prisa poderosa de tus ojos ausentes,
la luz en tus caderas huérfanas de fragancia.
De la tierra brotaba el temblor de tu risa,
espasmo desbocado de manantiales tiernos,
disonancia plagada de voces silenciosas,
te anuncias por las simas, augurando misterios.
¿No eras tú la sutil presencia de las cosas
que danzabas, inerte, por las tranquilas sendas?
Escarbas las oscuras entrañas de las sombras,
y abandonas mi vida amenazando ausencias.

II

Un famélico ser de razón diminuta
recorre los sitiados espacios de los hombres.
Transita territorios ajenos y arrasados
mientras vomita cifras y engulle paquidermos.
Siniestras aporías de anhelos fluctuantes,
fantásticas deidades de oscuras celosías,
os morís en vaivenes de escuálidas espumas,
envidiando la gracia de indómitas jaurías.
Montaraz cacería de porte ingobernable,
a suplicaros vengo la luz de una mirada.
El dolor que libera,
el aullido que embarga,
un temblor que me arranque
de esta ausencia profunda.

III

Piel de bomba,
latido en la memoria.
Equidistante, fugaz,
feroz rapsodia.
Tragedia del olvido,
tristeza de ocultar.
Pobreza de mirar sin el asombro
del dolor encumbrado y malherido.
Alarido feroz de hombre sin sombra,
lucidez sin mentira,
velo sin novia.
Abundancia en el llanto,
ira de hiedra
que envuelva y delimite
este veneno infame
de la miseria.

IV

Renacen los fugaces,
rapsódicos misterios.
Alterando quejidos
profundos y tenaces.
Anunciando
aterradoras noches infinitas,
soterradas en tedio.
Susurros
rebosantes de cuitas
e infalibles misterios.
Silbos abrumadores,
amenazantes sierpes,
sosiegos turbadores.
Rapsodia
sin memoria,
acusadora sangre de las novias.

V

Limosna tras limón,
piedad ingrata,
batalla de cartón,
fuerza barata,
limón, limosna, lima.
Amarga en las entrañas
el silbido fugaz de tus guadañas.
Del golpe del limón color limosna
brotarán los quejidos y las sombras.
Limosna de ceguera abigarrada,
limón de olvido,
lima de vida estéril.
Anhelo de vivir,
sueño perdido.

VI

Llegaron renegridos gusarapos
de profundo talante malherido,
penetrando entre las lentas, siniestras,
bifurcaciones de la muerte,
secuestrando a los recién nacidos,
alardeando de secuaces inercias
de histeria guarnecida.
Surgieron los misterios de la tierra,
pariendo maldecidos disonantes
en los campos sin guerra,
grasientas limosnillas dadivosas,
pensamientos tenaces
de gangrena mortal y silenciosa.

VII

Polvo, lodo, piedra,
temblor de rayo,
barro de siembra.
Ausencia de tu mano
en la sombra de una encina polvorienta.
Sucios lodos,
duras piedras.
Sentencia de figuras enlodadas
pesadez sentenciosa de las piedras.

VIII

Antinomias desnudas
de monstruos vigorosos,
y frutas desgajadas
de pieles y semillas.
Crecen las amapolas
en campos devastados
y los niños devoran
el llanto de otros niños.
Las lágrimas que evitan la carne torturada,
los ciegos que no miran,
los aullidos que ignoran
permanecen ajenos al brillo de los ojos,
a tu diente sin sangre,
a tu mano sin vara.

IX

Parcela de misterio disoluto,
doliente espera.
Misérrima misión inquebrantable,
feroz enmienda.
Planeta de los ojos y las manos
abarca tu conciencia.
Y tu voz, sin mirada,
tu mirada, sin tregua,
envuelve la certeza ensimismada
del tacto de una ausencia.
La dádiva será la de tus manos,
el presente, presencia.
Bandada de torcaces desbocadas,
sin enojo ni alerta.

SEMBLANZA 2

La luna brillaba
y tú me contabas
historias de locos y cuentos de ahorcadas.
Pedías bondades,
prudencia mandabas,
recato decías que necesitaba.
De tus verdes hojas nos agasajabas.
Plagabas tus salas de sonrisas rotas,
cantabas recuerdos con estrofas cojas.
En tus ojos huecos, la ausencia del miedo,
tu pecho enterrado
y tu voz, misterio,
brotando sin ira,
sin pausa ni apremio.

RECUERDO

I

Tu recuerdo es un nardo en la memoria
de la esfera feliz y las fragantes sendas
trasnochadas de pueblos sin historia.
Fátima, la de las blancas perlas.
Castril: vecinos y polvo; olivos y peñas,
horcajos y bancales sin memoria.
Cuerdas de atar dolor; pan, lumbre y leña.
Vírgenes por vestir; zarcillo y novia,
anochecer sin sombra ni presencia.

II

Tu mano tibia
de lazos rojos,
peineta y peine,
cántaros rotos.
Frugal merienda
de calle y corros,
magro y ciempiés.
Nenica, ven.
Sapos del río,
sierpes del frío,
vecinos cojos en el café.
Vamos, bonica.
Nenica, ven.

III

Plácida lucidez
que deshaciendo anhelos
sustentas en lo justo el amor a las cosas:
una alpargata, un frasco, una naranja,
la tinaja, el botijo y la memoria.

Vestigios de recuerdo inaplazable,
reliquias inocentes de tu vida en templanza.
Sois obediente feria de gracia diminuta
que agoniza con ansias de pobreza profunda
y desbarata formas en sumisión postrada.

IV

Festival diminuto
de risa sosegada.
El gato en tu regazo festejando.
Jarana de tu falda
humilde y recogida.
Regodeo bullicioso de los pájaros.

V

Abundante tu verbo en mi conciencia,
el corazón derrama
versos fragantes, cantos y sentencias.
El gancho de tu dedo adolescente,
tu ojo airado,
el pómulo oprimido y cercenado.
Tu presencia,
presencia que es ausencia redimida
de cancioncillas frescas y fugaces:
las mozas, los vecinos, las conciencias,
los celos, las salidas y la carne.

La mosca a la mora,
y la mora en su moralito sola.

VI

El verde de tu huerto sobre el río,
olor de albahaca fresca.
El borrico en la puerta, lomo frío,
cargando pan y leña.
Mirada indiferente de las gentes
oteando la peña.
Gallinas *cloqueantes* en la puerta
de tu casa pequeña.
Eres jardín y abrigo en la memoria,
eres memoria fértil de una historia
de atardeceres tiernos y de ferias.

VII

Cántame, cuéntame.
Cuéntame otra vez, frente a la lumbre,
un cuento al revés.
Cántame de nuevo
la historia del agua
que arrastraba al fuego.
Cuéntame
aquella leyenda
de nubes pequeñas
y el señor Ciempiés.
Cántame sin prisa,
tejiendo de risas
el aire sutil.
Cuéntame
el cuento del río
y aquel miedo mío
de verte partir.

VIII

Cuando tú no existías,
nada me ataba a tu cuerpo,
como lazada invisible
de temblor y misterio.
Cuando tú no existías,
mi rostro, relajado,
tras de aquella sonrisa que tu vida me trajo,
prometía pasiones de lazos denodados.
Ningún amor tan puro,
ningún aire lejano.
Cuando tú no existías,
ni cantos de gorriones, ni sombras en verano.

IX

Porque Amal es trabajo por los campos,
Amalia eres.
De trabajo estás hecha, y de quehaceres
de olivares, de zarzas y de cantos;
de barbechos descalza y de quebrantos.
Amalia vigorosa,
bravura silenciosa,
labor de labrador entre cosechas.
Ámalos de ternura
para la tierra, la lágrima o la pluma.

Semblanza 3

La blanca cumbre de tu rostro asimétrico,
las manos huecas,
el semblante inclinado,
el pecho sosegado y satisfecho.
Tu mirar rebosante
de olivos y de almendros.

La voz en tu garganta
meliflua y reposada,
el apacible ritmo de tu acento,
tu canto jubiloso y sostenido,
tu contar abundante,
inofensivo y bueno.

Tu luz, tu claridad,
el tranquilo fulgor de tu presencia.
Tu brillo, tu bondad,
la serena promesa de tu ausencia.
Tu semilla brotando, silenciosa,
en el manso existir de mi conciencia.

VUELO

I

La rama florecida de un almendro
se clava entre los postes
ateridos, siniestros.
Conquista los espacios
velados y profundos.
Se alza en estertores
sobre las herramientas de los matarifes.
Penetra, potente y desbocada,
en los semáforos y entre los cables.
Invade las señales y los postes de tráfico,
violando los orificios
de las medianas.
Contaminando de aromas y blancuras
los hierros oxidados,
se derrama sobre los excrementos,
traspasa piedras
e inunda de fragancias inquietantes
el pestilente orín de las farolas.

II

Luz dorada,
presencia de un misterio,
atisbo presentido,
fugaz reminiscencia.
Vida clara,
fragancia de sentido,
silencio sostenido,
preñado de certezas.
Clara luz
de tu dispar semblante.
Destello inalterable
de tu sombra pequeña.
Candela imperturbable
esparciendo tu ausencia
de amor inquebrantable.

III

Serena y silenciosa silueta,
talante de nobleza sostenida,
serenata de paz en tu presencia.
Cabalgata sonora de gigantes,
infinita memoria presentida,
hermoso soliloquio el de tu ausencia.
Solaz sostenido,
sentido vivir,
silencio furtivo,
aurora sin ti,
que, resplandeciente,
serena y ausente,
abarca las horas.
Horas luminosas
de ser, silenciosas,
arrullo de ti.

IV

Esta luz reluciente de almendros y de campos,
este bruñir de encinas, en ausencia de muerte,
estas águilas libres,
esta vida consciente.

Estas piedras
henchidas de pureza, en barro frío
ateridas de fuego y no de hastío.

Este mundo fugaz,
vivienda mía,
es, con tu palpitar,
pura osadía.

V

Isla en la pena,
océano en la memoria.
Isla en la huida,
océano en la grandeza de la mano tendida.
Isla en la pereza, en la desidia
y en la desesperanza.
Océano de tu mano cogida,
encaminando andanzas,
construyendo sonrisas,
enderezando versos,
deshaciendo añoranzas.
Sintiendo tu revuelo en mi memoria,
añorando otro mundo, con historias,
de tu mano prendida.
Oteando los misterios sutiles de tu ida,
esperando tu próxima llegada,
tu regreso: suave, fuerte, sin beso.
Envolverás mi cuerpo rezagado,
rozando mi cabeza;
esparcirás la duda ensimismada,
evocando bellezas,
disolviendo mi ruina derramada.
Avanzaré contigo,
gorrión sutil,
manojo, trigo.
Vuelta a la tierra airada,

sin vida, desolada,
sin violencia.
Discurriré veloz
con la vehemencia
del hielo derretido.
Y siendo ya, por fin,
una contigo.

Sobre la autora

Mere Ortiz es doctora en Estudios Hispánicos por la Universidad Autónoma de Madrid y profesora de Lengua Española en esa misma universidad.

Preocupada por todas las formas de injusticia y sufrimiento, colabora activamente desde hace décadas en el acompañamiento a personas refugiadas, así como en la lucha contra el maltrato animal.

Antes que *Retrato*, publicó otros dos poemarios: *El pasajero efímero* y *Alma*.

Índice